DIE REIHE
Archivbilder

STERKRADER MITTE

Verkehrsplan von Sterkrade

Maßstab 1:20000

Angefertigt im Juni 1924:
Stadt-Vermessungsamt.

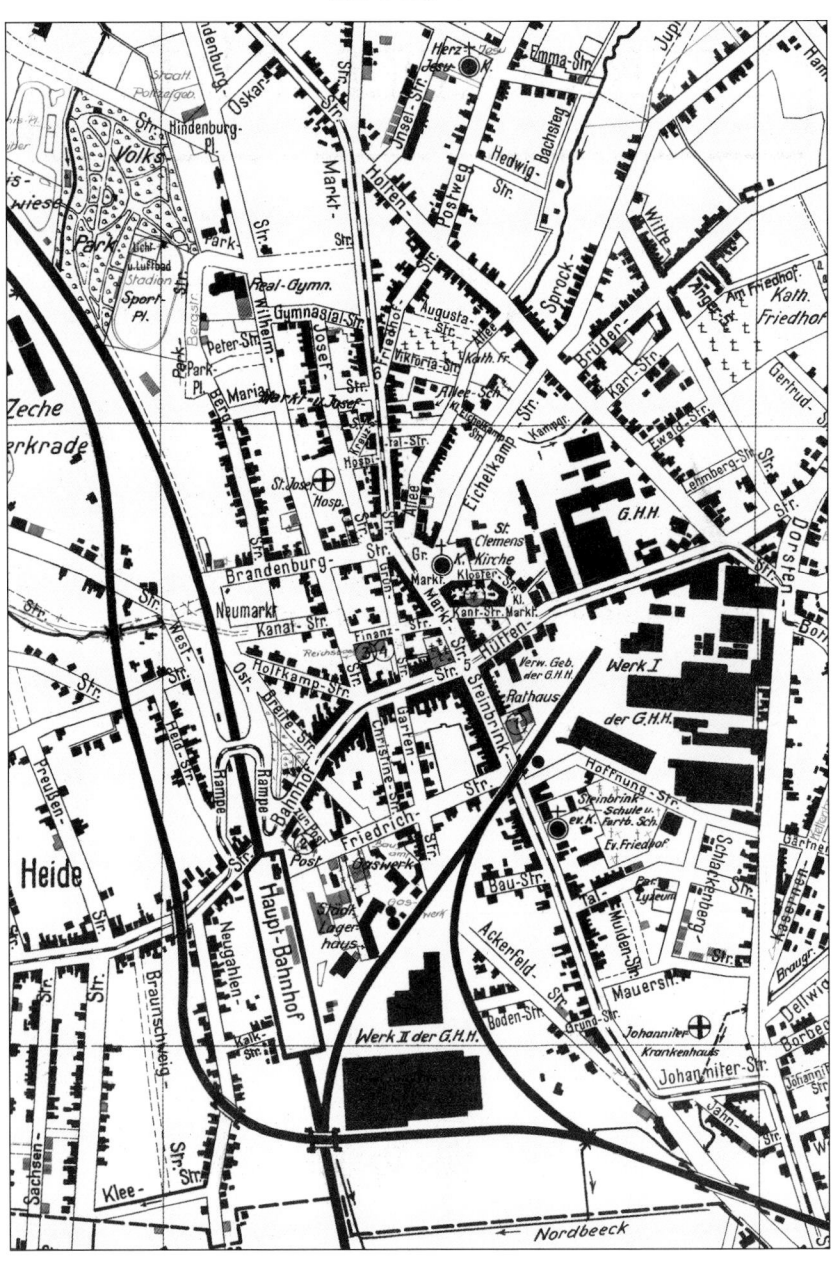

DIE REIHE
Archivbilder

STERKRADER MITTE

Monika Elm und Alfred Lindemann

SUTTON
VERLAG

Sutton Verlag GmbH
Hochheimer Straße 59
99094 Erfurt
http://www.suttonverlag.de
Copyright © Sutton Verlag, 2008

ISBN: 978-3-86680-299-5

Druck: Asterim Ltd., Chalford | GL, England

Das Wappen der Sterkrader Äbtissin Antonetta Bernadina von Wrede (1751–1788) und rechts das Wappen der Äbtissin Anna Catharina von Nunum gen. Dücker (1674–1715). Die Originalwappen befinden sich am linken hinteren Pfeiler in der Clemenskirche, diese hier sind Imitationen, die am Schwesternhaus zu finden sind.

Das Sterkrader Stadtwappen stellt in leicht abgewandelter Form das Wappen der Sterkrader Äbtissin Anna Catharina von Nunum gen. Dücker dar. Es wurde anlässlich der Stadterhebung am 4. Juni 1913 eingeführt.

Inhaltsverzeichnis

Vorwort 7

Bildnachweis 8

1. Ein Spaziergang durch das alte Sterkrade 9

2. Die Gutehoffnungshütte Sterkrade 73

3. Gesellschaftliches Leben 83

Sterkrader Kaufleute präsentieren sich mit ihrem Personal vor den Geschäften.

Der Bedarf an täglichen Gebrauchsgütern konnte in den Lebensmittel- und Kolonialwarengeschäften gedeckt werden.

Vorwort

Sterkrade, in frühen Dokumenten auch als Sterkeroyde, Stirkerode oder Starkenrode verzeichnet, ist einer der ältesten Stadtteile des heutigen Oberhausen. Die Gründung Sterkrades durch Urbarmachung wird ins 7. Jahrhundert datiert. Ein Franke namens Starko soll die erste Rodung vorgenommen haben und so der Siedlung zu ihrem Namen verholfen haben. Funde aus Frankengräbern, die von der Mitte des 6. Jahrhunderts bis in die karolingische Zeit reichen, belegen, dass Sterkrade um diese Zeit besiedelt war.

Urkundlich ist Sterkrade erstmals unter der Bezeichnung „Sterkonrotha" im Heberegister der Abtei Werden aus dem 10. Jahrhundert nachzuweisen. Jahrhundertelang war Sterkrade wirtschaftlich eng mit dem dortigen Zisterzienserinnenkloster St. Maria ad rivulum (Maria am Bächlein) verbunden. Es lag am Mühlenbach, im engeren Sterkrader Bereich auch Marienbächlein genannt. In seinem Oberlauf war er der Elp- oder Elpenbach.

Die Äbtissin von Düssern (Duisburg), Reginwidis von Hillen, hatte 1240 in Defth (Kirchhellen-Grafenwald) eine Frauengemeinschaft gegründet. Da sie hier jedoch weder eine wirtschaftliche noch kirchliche Versorgung erhielt, zog sie vor 1255 auf einen Hof nach Sterkrade um, den ihr die Edelherrin Mechtild von Holte zur Verfügung gestellt hatte. Mechtild von Holte vermachte den Damen ihre dort vorhandene Eigenkirche mit dem Patronatsrecht, einigen Grundbesitz sowie Anteile an einer Mühlenstätte und einen Fischteich. Sie unterstützte die Klosterfrauen in den folgenden Jahren mit freigebigen Schenkungen.

Nach der Auflösung des Klosters im Jahre 1809 infolge der Säkularisation und mit dem Aufblühen der späteren Gutehoffnungshütte wandelte sich Sterkrade von einer landwirtschaftlichen in eine industriell geprägte Gemeinde.

Verwaltungsmäßig unterstand Sterkrade in frühen Zeiten dem Richteramt Beeck mit dem Herzog von Kleve als Landesherrn. Nach der brandenburgischen Herrschaft kam es ab 1701 unter preußische Regierung. In der Napoleonischen Zeit wurde es dem neu gegründeten Großherzogtum Berg zugeteilt. In den Jahren 1806 bis 1886 gehörte Sterkrade zur Bürgermeisterei Holten, die Stadt und Feldmark Holten, das Amt Holten (Biefang) und das Amt Beeck umfasste. Ab 1812 kam noch die Gemeinde Hamborn dazu. Das Amt Beeck wiederum bestand aus den Ortschaften Laar, Stockum, Beeck (Kirchdorf und Rittersitz), Alsum, Bruckhausen, Marxloh, Buschhausen mit dem Rittersitz Oberhausen und dem Kirchdorf Sterkrade. Das französische Verwaltungssystem blieb auch nach den Befreiungskriegen bestehen, aus dem „maire" an der Spitze wurde nun der Bürgermeister. Ab 1815 war die Bürgermeisterei – und somit Sterkrade – wieder preußisch.

Dank des wirtschaftlichen Aufschwungs durch die Eisenindustrie setzte ein beträchtlicher Bevölkerungszuwachs ein. Während die Stadt und Feldmark Holten zu Beginn der Zeit als Bürgermeisterei 858 Einwohner zählte, betrug die Bevölkerungszahl in Sterkrade gerade mal 606. Im Jahre 1834 war sie dann schon fast ebenso hoch wie die von Holten. In nur zwei Jahrzehnten überflügelte Sterkrade das kleine Städtchen Holten, es zählte 1856 über 1.000 Einwohner mehr. Mit dem Erstarken als Industriestandort wuchs auch ein politischer Anspruch. Sterkrade und das ebenfalls expandierende Beeck waren nicht länger bereit, der Bürgermeisterei Holten zu unterstehen.

Bereits 1858 wurde das Verwaltungsamt nach Beeck verlegt. Knapp 30 Jahre später gab es zwei Bürgermeistereibezirke. Die alte Bürgermeisterei Holten wurde am 1. April 1886 in die Bürgermeistereien Sterkrade und Beeck geteilt. Während an Beeck die Gemeinden Beeck und Hamborn fielen, umfasste die Bürgermeisterei Sterkrade die Gemeinden Stadt und Feldmark Holten, Amt Holten (Biefang), Sterkrade und Buschhausen. Sterkrade zählte zu dieser Zeit über 7.000 Einwohner, um die Jahrhundertwende waren es mehr als 15.000.

Infolge der Eingemeindung der Landgemeinde Buschhausen am 1. April 1909 vergrößerte sich Sterkrade um ein Weiteres. Ein kleiner Teil von Buschhausen, der Große Busch (Grafenbusch) mit dem Schloss Oberhausen, kam zu Oberhausen.

Als Sterkrade am 17. März 1913 die Stadtrechte erhielt, ging ein lang gehegter Wunsch in Erfüllung. Noch im gleichen Jahr legte es sich ein Stadtwappen zu, das große Volksfest zu Ehren der Stadtwerdung wurde vom Sterkrader Stadtmarsch gekrönt.

Durch die Eingemeindung Holtens sowie eines Teils von Hiesfeld (Schmachtendorf) am 1. Juli 1917 wurde Sterkrade ein selbstständiger Stadtkreis. Es erfuhr eine Gebietserweiterung von über 2.000 ha, die Einwohnerzahl betrug nun etwa 49.000. Die Eigenständigkeit Sterkrades währte jedoch nicht lange. Im Zuge der kommunalen Neugliederung des rheinisch-westfälischen Industriegebiets vom 29. Juli 1929 wurden die bisherigen Städte Sterkrade und Osterfeld mit Oberhausen vereinigt und zu einer neuen Stadtgemeinde Oberhausen zusammengeschlossen.

Wir wünschen Ihnen viel Spaß beim Blättern und Erinnern.

Monika Elm und Alfred Lindemann
im Januar 2008

Bildnachweis

LVR/Rheinisches Industriemuseum Oberhausen

Thomas Thöne/WAZ

Historische Bildersammlung Oberhausen-Sterkrade-Osterfeld von Alfred & Ulrich Lindemann.

1

Ein Spaziergang durch das alte Sterkrade

Wer auf einen Besuch nach Sterkrade kommt, findet zwar einen modernen Ortsteil der Großstadt Oberhausen vor, aber wenig Zeugnisse der frühen Zeit. Mitte des 13. Jahrhunderts ließen sich fromme Frauen als Klostergemeinschaft „Maria am Bächlein" hier nieder. Das war die Kernzelle des heutigen Sterkrade. Seit dem Abbruch des letzten Klostergebäudes 1969 gibt es kein sichtbares Zeichen und damit kaum eine Erinnerung mehr an diese Vergangenheit. Lediglich aus der Zeit der Industrialisierung und dem damit verbundenen Aufschwung Sterkrades zur Bürgermeisterei 1886 und zur selbstständigen Stadt zwischen 1913 und 1929 sind noch etliche Relikte vorhanden. Die Bilder in diesem Kapitel führen auf einem virtuellen Spaziergang zunächst vom Bahnhof über die Bahnhofstraße zur Sterkrader Mitte, darüber hinaus über den Kleinen Markt zu den ehemaligen Produktionsstätten der Gutehoffnungshütte. Außerhalb der Sterkrader Mitte, an der Steinbrinkstraße, liegt das Johanniterkrankenhaus. Näher angebunden stehen die Friedenskirche und das Rathaus. Weiter über die Stadtmitte entlang der Steinbrinkstraße kommt der Besucher zur Propsteikirche St. Clemens und an den sich davor ausbreitenden Großen Markt. Das Hagelkreuz war früher die nördliche Landmarke. Die grüne Stadtlunge ist bis heute der Volkspark. Mit den markanten Gebäuden wie dem alten Kolpinghaus und der Villa Waidmannsruh mit dem „Sterkrader Hirsch" klingt der Spaziergang aus.

Blick von der Bahnunterführung über die Schienen in die Bahnhofstraße.

Am 1. Juli 1856 wurde mit der Eröffnung der Eisenbahnlinie Oberhausen–Dinslaken auch die Sterkrader Haltestation in Betrieb genommen. 1888 wurde das Bahnhofsgebäude von Köln-Kalk hierher versetzt. Somit hatte der Sterkrader Bahnhof ein eigenes Gebäude bekommen.

Der im Zweiten Weltkrieg stark beschädigte Bahnhof machte 1952 einen Neubau erforderlich. 1958 wurde der Bahnhofsvorplatz zu einem „Gummibahnhof" – so genannt wegen der gummibereiften Autobusse – umgestaltet.

Hier schaut man von der Bahnunterführung über den alten Bahnhofsvorplatz in die Bahnhofstraße.

Diese zwei Ansichten der unteren Bahnhofstraße entstanden vor und nach dem Zweiten Weltkrieg. Oben, von rechts, erkennt man das Herrenartikelgeschäft Hissmann, das Café Wien, die Wirtschaft Gerdau und die Metzgerei Kürten. Unten, von rechts, sieht man Radio Baldow, die Drogerie Sonderfeld, den Friseur Wissing und Kleidung Ruhr.

Die Grünanlage an der Breitestraße hieß seit der Eingemeindung 1929 Graf-Spee-Platz. Nach dem Zweiten Weltkrieg wurde der Park in Zilianplatz umbenannt.

In der Bahnhofstraße pulsierte das Geschäftsleben. Parkplätze waren zu dieser Zeit noch nicht gefragt, Einkäufe wurden zu Fuß getätigt.

Imposante Häuser spiegelten den wirtschaftlichen Aufschwung um die Wende zum 20. Jahrhundert wider. In den heutigen Geschäften Paashaus und Deichmann waren früher die jüdischen Geschäfte Bär und Daniel ansässig.

Die ehemalige Adlerapotheke dominierte das Straßenbild der mittleren Bahnhofstraße.

Die Bahnhofstraße in der Sterkrader Mitte, links ist der erste öffentliche Friedhof zu sehen. Im Hintergrund erkennt man das damalige Verwaltungsgebäude der Gutehoffnungshütte.

Gegenüber dem Friedhof befand sich ein beliebtes Kino, die Schauburg.

1926 wurde der Friedhof in der Stadtmitte zu einer Grünanlage umgestaltet.

Mayer und Klestadt war eines der letzten jüdischen Geschäfte in Sterkrade. Es wurde nach der Pogromnacht 1938 arisiert. Die Persiluhr war ein beliebter Treffpunkt in Sterkrade.

Nach der Städtezusammenlegung 1929 verlor die Hüttenstraße ihren Namen und wurde zur verlängerten Bahnhofstraße.

1901 fuhr die Straßenbahnlinie 2 von Oberhausen über Osterfeld nach Sterkrade. Hinter der Straßenbahn ragt der Komplex der ehemaligen Mühle Sonderfeld hervor.

Der Kleine Markt mit dem Kriegerdenkmal von 1887 war umgeben von der ersten Sterkrader Apotheke von 1837, dem Verwaltungsgebäude der GHH und einer der Hüttenvillen.

Es schlossen sich das Kolonialwarengeschäft Schäfer, die Gaststätte „Zum Bergalten" (Lehnkering) und das Bettenhaus Ortmann an.

Bauern aus der näheren Umgebung boten ihre Produkte auf dem Kleinen Markt feil.

Dieses Bild ist eine der ältesten Ansichten von Sterkrade. Es zeigt den Kleinen Markt nach der Einweihung des Kriegerdenkmals im Jahre 1887.

Das zu Ehren der gefallenen Sterkrader Soldaten in den Kriegen 1864, 1866 und 1870/71 errichtete Kriegerdenkmal war häufig Mittelpunkt patriotischer Feiern. Im Ersten Weltkrieg wurde die eiserne Umzäunung für Kriegszwecke entfernt.

Im Januar 1958 wurde das Kriegerdenkmal wegen der Umgestaltung des Kleinen Marktes abgerissen und ist seitdem verschollen.

Beiderseits der oberen Bahnhofstraße lagen die Werkstätten der Gutehoffnungshütte Werk I.

Links der damaligen Hüttenstraße (Bahnhofstraße) befand sich seit 1867 der Hüttenkonsum zur preisgünstigen Versorgung der Belegschaft der Gutehoffnungshütte.

Das Wohnhaus eines Hüttendirektors.

Im Dreieck der heutigen Dorstener Straße, Holtener Straße und Straße Am Hallenbad lag der Hüttenstall (Fuhrpark) der Gutehoffnungshütte.

Im Sommer 1938 verursachten schwere Unwetter große Überschwemmungen wie hier im Bereich der Dorstener Straße zwischen den Werkshallen der Gutehoffnungshütte und der Wirtschaft Laufenberg (Bergheide).

Der Hüttenbahnübergang über die Dorstener Straße ist heute die Haltestelle „Presswerk" für städtische Omnibusse und Straßenbahnen.

Im Jahre 1895 weihte Prinz Albrecht von Preußen das vom Johanniterorden erbaute Krankenhaus ein. Die schöne ursprüngliche Architektur ist durch Erweiterungsmaßnahmen heute bis auf den Eingangsbereich nicht mehr erkennbar.

Das 1900 eröffnete paritätische Mädchenlyzeum wurde nach 1945 zur Berufsschule der Gutehoffnungshütte umgewandelt. Seit 1994 befindet sich dort die Senioren-Wohnstätte „Haus Katharina".

Das vom Sterkrader Zimmermeister August Neugebauer an der Ecke Steinbrink- und Emdenstraße erbaute Restaurant „Deutsches Haus" war lange Zeit ein beliebter Treffpunkt vieler lokaler Vereine.

Die im Jahre 1852 auf Initiative des damaligen Hüttendirektors Wilhelm Lueg eingeweihte Friedenskirche war die erste evangelische Kirche in Sterkrade.

Die evangelische Steinbrinkschule wurde 1847 gegründet. Das heutige Schulgebäude wurde im Jahre 1901 errichtet.

Nachdem Sterkrade 1886 selbstständige Bürgermeisterei mit dem Bürgermeister Botho Wolfgang von Trotha geworden war, bekam es 1888 auch ein eigenes Rathaus.

1902 wurde das Rathaus um einen Anbau erweitert.

Einige Geschäftshäuser an der Steinbrinkstraße überstanden Krieg und Abriss und sind bis heute erhalten geblieben.

Seit 1897 fuhr die Straßenbahnlinie 1 von Oberhausen nach Sterkrade. Die Möbelhandlung Fruchtzweig (rechts vorne) gehörte ebenfalls zu den jüdischen Geschäften.

Wohn- und Geschäftshäuser prägten das Straßenbild der Steinbrinkstraße.

Die damalige Ansicht lässt sich mit der heutigen nicht mehr vergleichen. Die jetzige Stadtmitte hat ein völlig neues Gesicht bekommen. Heute würde man von hier auf den Center-Point schauen.

Schon in den 1920er-Jahren boten größere Geschäftsketten ihre Waren an, wie hier die Kolonialwarenhandlung Heinrich Hill.

Die Schuhmacherei Lambertz ist eines der wenigen alteingesessenen Geschäfte von Sterkrade, die noch heute existieren. Herstellung und Verkauf von Schuhen lagen in einer Hand.

Die Sterkrader Mitte mit dem 1931 fertiggestellten Stadthochhaus. 1953 wurde dem Turm ein Aufsatz mit Glockenspiel hinzugefügt.

Die Sterkrader Filmfreunde konnten ab 1931 im Licht- und Tontheater „LITO" die neuesten Filme anschauen. Heute befindet sich in diesem Trakt an der Finanzstraße die „Kleinstädter Bühne".

Im Bereich des heutigen Stadthochhauses lag der von 1831 bis 1886 belegte erste Kommunalfriedhof. 1926 wurde er zu einer Grünanlage umgestaltet.

Die Marktstraße, meist der Mittelpunkt einer Stadt, musste ihren Namen im Zuge der Städtezusammenlegung an Oberhausen abgeben. Sie wurde an die Steinbrinkstraße angebunden. Die Wirtschaft Schepermann „Zur guten Quelle" war ein bekannter Treffpunkt.

An der Ecke Marktstraße und Kantstraße lag eine der ältesten Wirtschaften in Sterkrade, das Restaurant „Zum Jägerhof".

Der neue „Jägerhof" von 1907 wurde beim letzten Bombenangriff auf Sterkrade im Zweiten Weltkrieg zerstört. 1953 konnte die Gaststätte wieder eröffnen. 1968 wurde sie geschlossen und das Haus abgerissen. In einen weiteren Neubau zog 1970 eine Filiale der Deutschen Bank ein.

Im Jahre 1908 wurde die weiterführende höhere katholische Mädchenschule an der Kantstraße eröffnet, die 1957 in das heutige Sophie-Scholl-Gymnasium verlegt wurde. 1968 wurde das Lyzeum im Rahmen der Stadtumgestaltung abgerissen.

Begrüßung einer Gratulationsgesellschaft vor dem „Jägerhof".

Die Sterkrader und die Osterfelder Marktstraße mussten ihren Namen aufgrund der Städtezusammenlegung 1929 zugunsten der Marktstraße in Oberhausen abtreten. Dadurch wurde die Steinbrinkstraße um die Marktstraße verlängert.

Die Klosterstraße, deren Name von dem ehemaligen Zisterzienserinnenkloster herrührt, führte vom Kleinen Markt zur Steinbrinkstraße und somit auch zur Clemenskirche und dem Großen Markt.

Ab 1255 waren Nonnen des Zisterzienserordens in Sterkrade ansässig. Das Kloster nannte sich „Maria am Bächlein". 1809 wurde es infolge der Säkularisation aufgelöst. Jahrzehntelang wurde das Gebäude als Wohnhaus genutzt. 1898 nahmen die Schwestern der Göttlichen Vorsehung das Klostergebäude in ihre Obhut, um von hier aus christliche Nächstenliebe zu verwirklichen. 1969 wurde das Haus abgerissen.

Die 1872 fertiggestellte zweite Clemenskirche im romanischen Stil prägte das Bild des Großen Marktes. Hier herrschte reges städtisches Leben. Die verkehrstechnischen Voraussetzungen waren ideal, um hier auch öffentliche Kundgebungen und Veranstaltungen abzuhalten.

Der Geist der Wilhelminischen Zeit spiegelte sich besonders in den Bauten am Großen Markt wider.

Ein eindrucksvolles Zeugnis dieser Epoche legten auch das Hotel „Kaiserhof" und das Textilhaus Lantermann mit seiner prägnanten Ecke ab.

Auch der Große Markt im Schatten der Clemenskirche wurde eifrig für Markttage genutzt. Die Marktleute transportierten ihre Waren damals mit Pferd und Wagen.

Interessierte Bürger hatten an der Wetterstation auf dem Großen Markt Gelegenheit, sich über das Wetter zu informieren.

Diese Ansicht lässt deutlich die räumliche Nähe von Kirche und dem dahinter liegenden Kloster erkennen. In dem vorspringenden Klostertrakt wohnte einst der ehemalige Hüttendirektor Wilhelm Lueg.

Die zweite St.-Clemens-Kirche von 1872 bis 1945 war ein dreischiffiger romanischer Bau. Das mit Marmor reichhaltig ausgestattete Gotteshaus zeigte schöne Rundbogenfriese. Das Gnadenbild der „Mutter vom Guten Rat" hatte hier seinen festen Platz am Marienaltar. Auf dem Foto unten ist es rechts im Vordergrund – vor dem Rundbogenfries – gut zu sehen.

Seit 1738 wird in der Sterkrader St.-Clemens-Kirche das Gnadenbild der „Mutter vom Guten Rat" verehrt, da ihm wunderbare Heilungen nachgesagt wurden. Nachdem daraufhin sowohl die kirchliche als auch die weltliche Behörde die Zustimmung zu öffentlichen Andachten und Wallfahrten erteilt hatten, konnte sich Sterkrade ab 1744 offiziell als Wallfahrtsort bezeichnen.

Ruhrbischof Kardinal Hengsbach vor dem Gnadenbild.

Vor dem Textilhaus Lantermann stand traditionell einer der Fronleichnamsaltäre.

Das am Großen Markt liegende Hotel „Kaiserhof" war die erste Adresse am Platz. Der hintere Saal an der Tirpitzstraße, damals noch Alleestraße, war der Veranstaltungsort für die großen Sterkrader Vereine. Nach dem Zweiten Weltkrieg war dort das Stadttheater Oberhausen untergebracht. Auch die „Kleinstädter Bühne" nahm hier ihren Anfang.

Beim letzten schweren Bombenangriff auf Sterkrade, kurz vor dem Einzug der alliierten Truppen, wurde die St.-Clemens-Kirche am 24. März 1945 stark beschädigt. Viele Sterkrader hätten es gerne gesehen, wenn die Kirche in ihrem alten Zustand wieder hergestellt worden wäre.

Im Zuge der Abbrucharbeiten an der St.-Clemens-Kirche wurde am 18. April 1952 auch der im Krieg unversehrt gebliebene Kirchturm gesprengt.

Die Grundsteinlegung für die dritte St.-Clemens-Kirche war im September 1952. Die neue Kirche wurde am 22. November 1953 eingeweiht.

Seit dem 21. Mai 1988 hat die St.-Clemens-Kirche wieder einen Glockenturm für sechs Glocken. Neben den schon vorhandenen drei alten Glocken wurden am selben Tag drei neue Glocken geweiht.

Vom Großen Markt aus gelangte man in die damals schon recht breit angelegte Brandenburger Straße. Ihren Namen verdankte sie dem ersten „Brandenburger Hof", einer der ältesten Gaststätten in Sterkrade. Im September 1897 kam hier die Straßenbahn Linie 1 auf ihrer ersten Fahrt vom Werksgasthaus an der Essener Straße nach Sterkrade zum Hagelkreuz vorbei.

Blick in die obere Marktstraße – heute ein Teil der Steinbrinkstraße – vom Großen Markt bis zum Hagelkreuz. Selbst außerhalb der eigentlichen Stadtmitte gab es etliche stattliche Häuser, die vom damaligen Wohlstand zeugten.

Der Schullehrer Peter Rogez, genannt Lantermann, errichtete am Karfreitag 1802 das erste Sterkrader Hagelkreuz an der heutigen Ecke Steinbrinkstraße und Postweg. Hier baten die Sterkrader bei der Hagelprozession um Gottes Segen für eine gute Ernte und Schutz vor Unwettern.

Dieses Bild zeigt auf der rechten Seite den alten Friedhof am Postweg. Heute befindet sich dort das Sophie-Scholl-Gymnasium.

Die Tonhalle von 1897 mit der daneben liegenden Gastwirtschaft war immer im Besitz der alteingesessenen Sterkrader Familie Bross. Außer für gesellschaftliche Anlässe wurde sie wegen der guten Akustik gerne auch für Konzerte genutzt. Nach dem Krieg war im Saal vorübergehend das Kino „Tonhallentheater" untergebracht. 1974 wurde der Saal vom Karnevalsverein der Sterkrader Raben restauriert. Seit 1980 befand sich die Tanzschule Koppen – heute Tanzhaus Valentino – im umgebauten Tonhallensaal.

Der freie Platz an der Gymnasialstraße oberhalb der heutigen Robert-Koch-Straße – bis zur Eingemeindung hieß sie Josefstraße – wurde 1934 als Grünanlage (Schlageterplatz) angelegt. Im Hintergrund ist die Zeche Sterkrade zu erkennen.

Am Ende der Steinbrinkstraße, am Übergang der Holtener Straße in die Weseler Straße, liegt die alte Sterkrader Gastwirtschaft „Zum Weißen Ross" von Carl Markett.

1927 baute die damals noch selbstständige Stadt Sterkrade an der Wilhelmstraße gegenüber dem Wilhelmplatz ein eigenes Polizeipräsidium.

Nachdem das Sterkrader Realgymnasium 1905 seinen Schulbetrieb aufgenommen hatte, konnte das 1909 fertiggestellte neue Gymnasium an der Wilhelmstraße bezogen werden.

Ende des Zweiten Weltkriegs wurde das Gebäude durch Bombenangriff stark zerstört. Der Wiederaufbau zog sich bis zum Schuljahr 1951/52 hin.

Im Zuge einer Arbeitsbeschaffungsmaßnahme wurde 1927 das Sterkrader Volksparkstadion errichtet. Es dient bis heute der Leibesertüchtigung, u.a. der Gymnasiasten. Bis 1954 war das Stadion die Heimstätte für Feldhandball und Fußball der Sterkrader Spielvereinigung 06/07.

Der Sterkrader Turnverein von 1869 errichtete 1927 im Volkspark eine eigene Turnhalle, die heute noch genutzt wird.

Der alte Spruch „Mens sana in corpore sano" – Ein gesunder Geist in einem gesunden Körper – gilt nach wie vor für den Sterkrader Turnverein von 1869.

1951 endete das Fußballspiel der Sterkrader Kaufmannschaft gegen die Prominenz des Westdeutschen Rundfunks 5:6. Schiedsrichter war der damalige Präsident des DFB, Peco Bauwens.

Am Ergebnis waren der Schauspieler René Deltgen und der Sterkrader Sprecher des Landfunks im WDR, Franz Winters, maßgeblich beteiligt.

Im Busch des Westhoff Hofes wurde 1916 ein Volkspark angelegt. Schon 1907 spielte man hier auf einer Spielwiese erstmals Tennis. 1925 wurde der Alsbach im Park zu einem Weiher aufgestaut. Im Hintergrund des Fotos oben sind der Bauernhof mit Kornbrennerei Schulte-Westhoff und die evangelische Christuskirche zu erkennen.

Oberhausen-Sterkrade. Gondelweiher mit Zeche Sterkrade

Im Schatten der Zeche Sterkrade konnten sich die Besucher bei Gondelfahrten und Spaziergängen erholen. Bis in die 1960er-Jahre wurde der gern angenommene Kahnbetrieb aufrechterhalten.

Geburtsstätte vieler Sterkrader war das 1868 erbaute St.-Josefs-Krankenhaus an der Josefstraße, heute Robert-Koch-Straße. Betrieben wurde das Hospital von den Clemensschwestern der „Genossenschaft der Barmherzigen Schwestern" aus Münster. Die Erweiterungen an der Wilhelmstraße stammen aus den Jahren 1884 und 1930.

Anstelle des alten „Brandenburger Hofes" entstand 1909 eine neue, imposante Gaststätte. Es ist eines der wenigen Häuser, die bis heute in ihrer ursprünglichen Bausubstanz erhalten geblieben sind.

An der Ecke Parkstraße und Brandenburger Straße lag die bekannte Gaststätte Köper. Sie war als Sportlertreff und bei Stammtischrunden beliebt. An Markttagen herrschte hier reger Betrieb.

Das Jugendwohnheim des Kolpingwerks für ledige Berufstätige war 1952 bezugsfertig. Sowohl die Heimstätte als auch das Kolpinghaus im Hintergrund wurden 1980 wegen der Erweiterung des Möbelhauses Heck abgerissen.

Das Kolpinghaus wurde 1910 vom 1885 gegründeten Sterkrader katholischen Gesellenverein (Kolping) an der heutigen Ecke Kolpingstraße und Wilhelmstraße eingeweiht. Sieben Jahrzehnte lang war das Kolpinghaus mit seinen Sälen kirchliches und weltliches Vereinslokal. Nach dem Krieg wurde hier im Saalanbau der Gottesdienst abgehalten, da die St.-Clemens-Kirche zerstört war.

Neben dem Kolpinghaus wurden Anfang der 1980er-Jahre auch die gegenüber liegenden Häuser abgebrochen, um 1983 Platz für einen Neubau der Stadtsparkasse zu schaffen.

Blick in die Wilhelmstraße. Links sieht man das Innungshaus, im Hintergrund das Kolpinghaus und rechts die Fassade der alten Stadtsparkasse.

Das erste Sparkassengebäude von 1910 befand sich an der Ecke Wilhelm- und Finanzstraße, daneben lag die Reichsbank.

Ende des Krieges wurden viele Häuser in der Sterkrader Mitte durch Bombenangriffe zerstört, u.a. auch die Sparkasse. Lange Zeit stand sie als Ruine, bis 1953 zunächst ein eingeschossiger Neubau errichtet wurde. 1960 wurde das Gebäude, in dem sich heute die Stadtbücherei befindet, aufgestockt.

1904 ließ der damalige Besitzer der Sterkrader Ludwigshütte, Louis Duesberg, die Villa Waidmannsruh an der Finanzstraße als Wohnhaus für sich errichten. Besonderes Merkmal war der sogenannte Sterkrader Hirsch, der auf einem Pfosten der Freitreppe lag. Nach dem Abbruch der Villa 1960 wurde der Hirsch zwei Jahre später in den Kaisergarten verlegt. Nach gründlicher Restaurierung liegt er seit Anfang 2007 wieder nahe seiner alten Heimat, im Sterkrader Volkspark.

Gegenüber der Villa Waidmannsruh lag das Haus des Rechtsanwalts Hugo Fabry. Die beiden Prachtbauten wurden im Sterkrader Volksmund liebevoll als „Villa Prutz" und „Villa Trutz" bezeichnet.

Das Fabry-Haus an der Ecke Ramgestraße und Finanzstraße musste 1978 einem modernen Ärztehaus weichen.

Das Luftbild aus den 1960er-Jahren zeigt den Stadtkern von Sterkrade mit Blick über die Gleise der Deutschen Bahn, den Neumarkt, bis hin zu den ehemaligen Werkshallen der Gutehoffnungshütte.

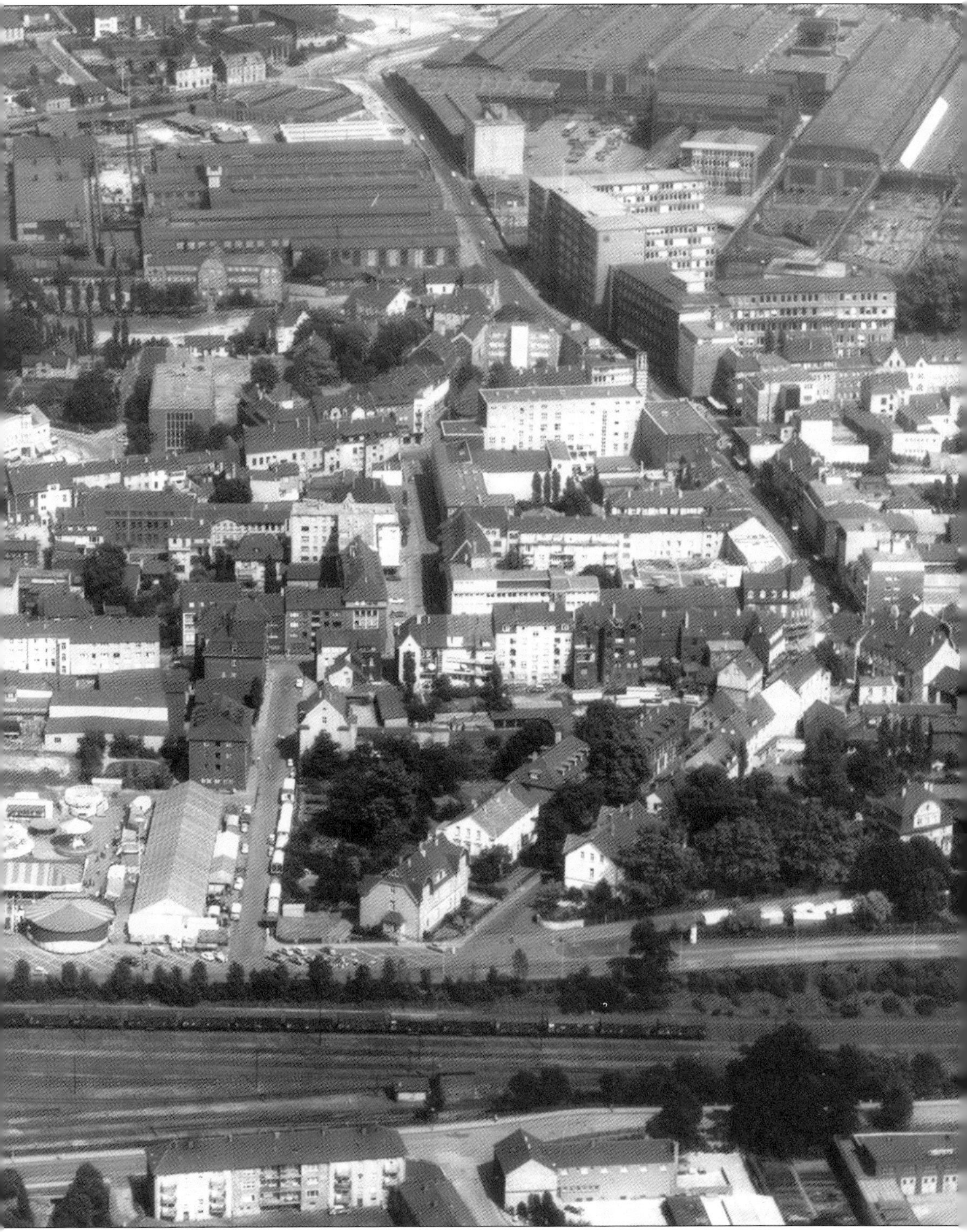

Seit etwa 1900 gibt es Ansichtskarten von Sterkrade mit ständig wechselnden Motiven.

72

2

Die Gutehoffnungshütte Sterkrade

Im Jahre 1782 gründete der Hüttenmeister Eberhard Pfandhöfer die Eisenhütte „Gute Hoffnung". Friedrich der Große, der damalige Landesherr des Herzogtums Kleve, zu dem auch Sterkrade gehörte, hatte ihm 1781 die Genehmigung zur Belehnung über das Raseneisenerz zwischen Rhein, Ruhr und Lippe erteilt. Bereits 1758 war im benachbarten Osterfeld, das im kurkölnischen Vest Recklinghausen lag, die Hütte „St. Antony" in Betrieb genommen worden. Sie gilt heute als Wiege des Ruhrgebiets. Pächter war seit 1779 Eberhard Pfandhöfer. Beide Hütten bezogen ihre benötigte Wasserkraft aus dem Elpenbach. Eine dritte Hütte, die Eisenschmelze „Neu Essen", war 1791 in der Lipperheide an der Emscher von der Fürstäbtissin des Hochstifts Essen, Maria Cunegunda, errichtet worden. Leiter wurde der Hütteninspektor Gottlob Jacobi. 1808 kam es zum Zusammenschluss der drei Hütten zur „Hüttengewerkschaft und Handlung Jacobi, Haniel und Huyssen" mit Sitz in Sterkrade. Aus dieser Gesellschaft entstand 1873 die „Gutehoffnungshütte, Actienverein für Bergbau und Hüttenbetrieb". Weltbekannt wurde die GHH u.a. durch den Bau von Dampfmaschinen, Schiffen, Brücken, Kesseln, Turbinen und Anlagen für Hütten- und Bergbau. 1969 wurde die GHH Sterkrade Tochtergesellschaft der M.A.N. und 1980 vollständig in die „Maschinenfabrik Augsburg-Nürnberg Aktiengesellschaft" eingegliedert. Ab 1989 begann der planmäßige Abriss der GHH Werkshallen. Über das gesamte Gelände Werk I führt seit 1999 der heutige Eugen-zur-Nieden-Verkehrsring. Nördlich der Bahnhofstraße entstand das „Hirsch-Center". Mit dem Abbruch der Turbinenhalle 2004 war das ehemalige Werksgelände freigeräumt und Platz geschaffen für das Einkaufszentrum „Sterkrader Tor".

Blick in die Frühzeit der Gutehoffnungshütte mit Tor I an der Bahnhofstraße im Bereich des heutigen Sterkrader Tores.

Werkshallen mit Wohnhäusern an der Holtener Straße. Heute liegt hier die Einfahrt zum Parkplatz des „Hirsch-Centers".

Die beiden Abbildungen zeigen oben das Markenzeichen und unten das dreibuchstabige Emblem GHH der Gutehoffnungshütte.

Die alten Werkstätten der Gutehoffnungshütte Werk I zogen sich bis zum evangelischen Friedhof hin, der an die ehemalige Hoffnungstraße angrenzte.

Die Gutehoffnungshütte Werk I aus der Vogelsperspektive. Das Bild oben entstand in den 1920er-Jahren, das untere in den 1970er-Jahren.

Das ehemalige Verwaltungsgebäude der Gutehoffnungshütte ist seit Oktober 2002 das Technische Rathaus der Stadt Oberhausen.

Die Bahnhofstraße trennte das Werk I der Gutehoffnungshütte mit den Werkstoren I und II.

In den Lehrwerkstätten der Gutehoffnungshütte erhielten die Lehrlinge eine solide Grundausbildung für ihren Beruf.

In den Werkshallen mit dem Eingang Tor II an der Bahnhofstraße wurden u.a. Kessel und Brücken hergestellt, die den Namen der „Gutehoffnungshütte, Actienverein für Bergbau und Hüttenbetrieb" (GHH) weltweit bekannt machten.

Zweimal ein Blick in die Fertigungshalle für Apparate-, Kessel- und Brückenbau. Heute produziert hier die Firma Apparatebau Franken GmbH.

Schon früh war die Gutehoffnungshütte führend bei der Herstellung von dampf- und elektrobetriebenen Fördermaschinen für den Bergbau.

Auch die Belegschaft der Gutehoffnungshütte protestierte zu gegebenen Anlässen für soziale Verbesserungen und die Sicherung ihrer Arbeitsplätze.

3

Gesellschaftliches Leben

Vor dem Hintergrund des industriellen Aufschwungs durch Kohle und Stahl im frühen 19. Jahrhundert formte sich ein soziales Gefüge, das Sterkrade bis in die heutige Zeit prägt. Gleichbedeutend waren der kirchliche Einfluss und das Angebot an schulischer Ausbildung. Auf diesen Grundlagen basierten oftmals die gesellschaftlichen Zusammenschlüsse wie Vereine, Innungen oder Gewerkschaften. Aber auch weltweite Ereignisse wie Kriege, Inflationen sowie Wirtschaftsaufschwünge wirkten sich auf lokaler Ebene aus. Nach dem Rückgang der heimischen Industrie musste sich Sterkrade als ein attraktiver Stadtteil neu positionieren. Traditionen wurden häufig aufgegeben, um Wandlungsfähigkeit zu demonstrieren. Wo früher Kohle gefördert und Stahl zu den mannigfaltigsten Erzeugnissen verarbeitet wurde, sind heute Freizeiträume und Einkaufszentren entstanden. Auf ehemaligen Bahntrassen, die Werke und Zechen miteinander verbanden, kann man heute wandern oder Rad fahren.

Dieses Bild zeigt einen typischen Anblick der damaligen Gesellschaft: Kinder in Matrosenanzügen, Damen mit schmucken Hütten, Herren mit steifer Kopfbedeckung und Soldaten in Uniform.

Handballer und Fußballer posierten mit ernsten Mienen für den Fotografen.

84

Eine Erinnerung an das 14. Deutsche Turnfest 1928 in Köln, an dem auch die Sterkrader Turner vom Turnverein 1869 teilnahmen.

Auf dem Foto ist die Fußballmannschaft des Sterkrader Spielclubs 07 zu sehen. Im Jahre 1929 schloss er sich mit dem Sterkrader Spielverein 06 zur Sterkrader Spielvereinigung 06/07 zusammen.

Die Sterkrader Schützenumzüge gehörten mit zu den traditionellen alljährlichen Veranstaltungen. Jung und Alt standen entlang der Straßen Spalier, um den Umzug zu verfolgen.

Die Sterkrader Kolpingsfamilie feierte 1949 ihr 60. Jubiläum mit einem Festumzug, an dem verschiedene Abteilungen teilnahmen.

Ein großer Teil der Sterkrader Bürger war mit der Zusammenlegung der Städte Sterkrade, Osterfeld und Oberhausen unter dem Namen Oberhausen im Jahre 1929 nicht einverstanden. Infolgedessen kam es an einigen Stellen zu Protestaktionen.

Das Publikum zeigte reges Interesse an den Umzügen des Sterkrader Kriegervereins.

An heißen Sommertagen zog es Groß und Klein in das beliebte Freibad Alsbachtal. Fast alle Sterkrader Kinder lernten hier das Schwimmen.

Die schulische Erziehung der Kinder begann mit der Kinderverwahrschule (oben) und mit dem Eintritt in die Volksschule.

Das erste Sterkrader Seifenkistenrennen fand 1950 auf der Dorstener Straße statt.

Paul Lange von der Turnerschaft Sterkrade 1869 gewann bei den Olympischen Spielen in Rom 1960 mit der gesamtdeutschen 4 x 500-Meter-Kanustaffel die Goldmedaille.

Das Männer-Quartett Sterkrade-Heide 1927 stellte sich 1949 anlässlich eines Konzertes im Kaiserhofsaal dem Fotografen. Die Sterkrader Gesangvereine erfüllen seit langem eine wichtige kulturelle Aufgabe. Als es noch kein Fernsehen gab und die Menschen nach schwer getaner Arbeit Ausgleich suchten, gab es in Sterkrade bis zu 25 Frauen-, Männer- und gemischte Chöre.

Der MGV Sängerbund Gutehoffnungshütte Sterkrade 1868 auf einem Vereinsbild von 1953.

Die schon 1824 erwähnte Sterkrader Fronleichnamskirmes hat sich bis heute zur größten Straßenkirmes am Niederrhein entwickelt. Der Ursprung lag in der Fronleichnamsprozession aus dem Sterkrader Umfeld zum Gnadenbild in der Clemenskirche. Während sich die Kirmes früher zwischen Großem Markt und Neumarkt abspielte, wird heute die gesamte Sterkrader Innenstadt mit einbezogen.

Längst vergessene Attraktionen vermittelten Jung und Alt in der Nachkriegszeit Freude und Spaß an der Kirmes.

Das Kirmeseis von Schmalhaus ist nach wie vor als Spezialität bei den Besuchern heiß begehrt.

Die Schiffschaukelbremser achteten immer sehr darauf, dass das Schaukelvergnügen nicht zu gefährlich wurde und zu lang dauerte.

Sutton Verlag
BÜCHER AUS DEM RUHRGEBIET

Bei uns im Revier
Bildreportagen aus drei Jahrzehnten
Gustav Hildebrandt
ISBN: 978-3-86680-217-9
17,90 € [D]

Eisenbahnen im westlichen Ruhrgebiet
Michael Schenk
ISBN: 978-3-86680-168-4
17,90 € [D]

Der Traum vom Fliegen im Ruhrgebiet
Frank Radzicki
ISBN: 978-3-89702-995-8
17,90 € [D]

Duisburg. Die alte Stadt
Hans Georg Kraume
ISBN: 978-3-89702-026-9
14,90 € [D]

Historische Grünanlagen im alten Kreis Dinslaken
Gisela Marzin
ISBN: 978-3-86680-239-1
17,90 € [D]

SUTTON VERLAG